香河縣

知縣

明

韓琚　張文淵

張茂山　周安

王璋　彭彰

甄仲　王緯

覃友輔　郭寶

趙儒　黄紋

楊孜　董玉林

游新佑　張kind

羅士賢　趙千之

徐松　楊萬祺

劉耀武　范經

楊應角　翁瑩

萬通　傅朴

孫光祖　馬叔奇

王道定　王訪

遲聘　王廉

陳增美　宗名世

陳增美　宗名世
遲聘　王廉
王道定　王誥
孫光祖　馬收杏
萬通　傅林
楊應甫　翁鑾
劉耀武　崔經
徐松　楊萬祺
羅士賢　趙于之
游新佑　張倫

楊玫　董士林
趙儒　黃紋
曹文輔　管寶
甄中　王綸
于章　彭漳
張茂山　周安
韓錫　張文淵
明
知縣
香河縣

魏　鰲　劉　沫

焦元卿　徐兆麟

李垂街　馬從龍

徐一鳴　楊必達

李芳馨　沈萬鈳

于躍龍　沈惟炳

沈兆甲　歐陽輝

余若南　王國祚

任光裕　賀若卿〔注一〕

屠　□　吴一元

張肇祚　張所養

孟陳堯　田斯茂

耿章光　朱帥欽

國朝

吕起渭遼東人，順治元年任。　佟鳳彩遼東人，生員，順治二年任。

方民孝遼東人，生員。　劉　栋遼東人

劉一玿遼東人　曲聖疑山東登州寧海州人，進士，順治八年任。

姜調鼎浙江嚴州遂安人，恩貢，順治十三年七月任。　丘應登福建汀州寧化人，舉人，順治十四年十二月任。

傅　蒻正黄旗貢士，康熙五年五月任。　林士龍浙江台州太平人，恩貢，康熙六年三月任。

温應奇陝西漢中□縣人，進士，康熙八年十二月任。　劉　深山東濟南淄州人，進士，康熙十二年十月任。

〔注一〕「若」，光緒《順天府志》作「君」。

王宗本山西人，拔貢。　黃良佐福建泉州晉江人，監生，康熙十七年六月任。

劉　嶤陝西西安涇陽人，進士，康熙十九年十一月任。　韓　鎬山西平陽蒲州人，例監，康熙二十三年三月任。

縣丞

明

郭忠　李杲

袁恂　張縉

饒顯　尚好仁

高瑤　閻席珍

佘鵠　劉環

鄔謹　朱愷

茅煒　彭大慶

束帛　王許

劉悌　常述

范汝廉　范希文

熊誠　張汝諧

張三才　陳養氣

劉東昕　仝光普

鄭永祥　洪應龍

鄭元啓　張九德

李魯儒　黃家瑞

李書儒　黃家瑞
鄭元啓　張九德
鄭永祥　洪應龍
劉東昕　全光普
張三才　陳養氣
熊　誠　張汝諧
范汝廉　范希文
劉　偉　常　述
東　皋　王　詰
茅　瑋　溫大慶

鄔　蓮　朱　愷
余　鎬　劉　璟
高　璐　閻席珍
饒　顯　尚好仁
袁　珣　張　緡
郭　忠　李　杲

明

縣丞

劉　嵩 康熙十七年十一月任。陝西西安涇陽人，舉人。　韓　鎬 康熙二十三年三月任。山西平陽蒲州人，監生。
王宗本 歲貢。山西人。　黃良佐 康熙十七年六月任。福建泉州晉江人，監生。

馬順衡　李之杰

章懷仁　張顯譽

趙書　周大賡

國朝

蔣共家尋裁

主簿

明

馬驥明尋裁

典史

明

楊柰　白文

彭黄　李僎

金廷楠　張萬

龔侃　王汜

胡中　高建

于待時　龐表

程清　孫大化

宋廷佐　于承業

吕宧　楊文立

謝烈　車崇惠

謝觀　申崇惠
呂宣　楊文立
宋廷佐　于承業
程靖　孫大化
于待時　龐表
胡中　高建
龔混　王汜
金廷楠　張萬
彭黃　李僎
楊泰　白文

明
典史
馬驥明[illegible]
明
主簿
蔡共家[illegible]
國朝
趙書　閻大賡
章懷仁　張顯謩
居順衛　李之杰

曾棟　趙希舜

李争春　顏震龍

郭朝藩　宦可遠

林喬　屠泰來

錢梅　許

錢枚　趙有信

孫茂芳　馬元吉

張叙疇　孫重枝

國朝

馮邦顯陝西人　程啓明湖廣人

亢文炳湖廣安陸當陽人，吏員，順治十二年六月任。　古良極陝西西安回官人，吏員，順治十五年六月任。

崔朝奉湖廣武昌嘉魚人，吏員，順治十六年四月任。　周大器浙江杭州錢塘人，吏員，康熙元年五月任。

靳乎仁陝西西安富平人，吏員，康熙七年六月任。　李學成陝西西安富平人，吏員，康熙十二年十一月任。

楊弘道浙江人，吏員，康熙十八年六月任。　王士龍浙江人，吏員，康熙二十年十一月任。

王賓浙江紹興山陰人，吏員，康熙二十三年七月任。

教諭

國朝

焦文華保定祁州束鹿人，歲貢。　康承誥宣府萬全衛人，歲貢，順治八年二月任。

邢傑河間府吴橋人，歲貢，順治十二年五月任。　張大道真定趙州隆平人，舉人，順治十四年三月任。

李可柱真定新欒人，舉人，順治十五年二月任。　張士晋直隸保定束鹿人，拔貢，康熙十七年七月任。

訓導

國朝

盧烇保定易州人，歲貢。　劉士模永平盧龍人，歲貢，順治四年九月任。

劉承爵大名人，歲貢，順治十二年二月任。　傅大倫直隸延慶衛人，歲貢，康熙四年十月任。

王愈真定行塘人，歲貢，康熙八年四月任。　王畿瑛直隸河間寧津人，歲貢，康熙二十一年十一月任。

通州

知州

明

韓約　方伯大

王琬　王瑀

楊衡　李經

章纘　夏昂

丁選　胡應先

盧遂　何源

孫禮　傅皓

柳大林　智聰

邵蕡　葛洪

鄧淳　葉清

嚴端　楊濬

劉澤　堅晟

劉澤　　鄧晟

嚴瑞　　楊濬

郅淳　　葉清

邵寶　　葛洪

柳大林　　曾聰

孫澧　　傅皓

盧遂　　何源

丁選　　胡應先

章纘　　夏昌

楊衡　　李經

王琬　　王琿

韓約　　方伯大

明

知州

通州

王愈 康熙八年四月任。真定行唐人，歲貢。　　王鑾璵 康熙二十一年十二月任。直隸河間寧津人，歲貢。

劉乘爵 十二年二月任。大名人，歲貢。　　傅大倫 康熙十四年十月任。真定靈壽人，歲貢。

盧燦 保定易州人，歲貢。　　劉士模 順治四年九月任。永平灤州人，歲貢。

盧國朝

訓導

陳溥　王稷
劉繹　張舜舉
許仁　曹俊
霍淮　吴瑩卿
張施　高桂
麻强　韓瓚
蔡椿　江有執
劉啍　詹贄
陳宗武　劉堤
明善　李藴

强自省　楊動文
韓寧　張守中
錢進學　劉耀武
張智望　趙可化
張綸　邵寵
張應舉　張士奇
陳登　吴來庭
高位　梅守極
陳隨　楊忠裕
顔之學　愈孔震

陳禕 王璆
劉繹 張舜舉
許仁 曹俊
霍准 吴堯卿
張旂 高桂
麻頊 楊璜
蔡椿 江有執
劉卓 侯贊
陳宗武 劉提
明善 李蘊
強自省 楊動文
韓寧 張守中
錢進學 劉耀武
張智望 趙可化
張綸 邵寵
張應舉 張士奇
陳登 吴來庭
高竹 梅守極
陳隨 楊忠裕
顏之學 俞化震

魯佑　趙廷忠

陳訓　劉三顧

張兆曾　吴尚文

王日善　盧承業

李一爵　趙屏始

楊聯芳　嚴錫命

伏光久　王直

郭正奇

國朝

李廷梅遼東人，貢生，順治元年任。　李尹昌遼東人

張斌遼東人　張萬春遼東人

胡朝賓遼東人　吴興宗遼東人

祁彦遼東廣寧人，貢生，順治八年任。　楊必達遼東遼陽人，貢生，順治九年任。

于榮遼東人　師佐河南人，進士，順治十二年任。

吴柱遼東人，蔭生，順治十二年八月任。　倪嘉賓浙江人，舉人，順治十六年任。

張民望遼東人，蔭生，康熙三年六月任。　劉應時山西人，蔭生，康熙五年任。

歐陽世逢湖廣人，貢生，康熙七年任。　甯完福遼東人，蔭生，康熙九年任。

閻興邦宣府前衛人，舉人，康熙十年任。

梅時蕚遼東遼陽人，正白旗内務府筆帖式，康熙十六年四月任。

于成龍鑲紅旗蔭生，康熙十八年十二月任。　傅澤洪遼東人，蔭生，康熙二十一年任。

州同

明

沈義　葛洪

嚴端　邵宗順

董復朦　王學

丁谷　鄧仲仁

陳元謨　馬文翰

陳泉　趙誠

張仁　史臣

黃甲　金時翔

邵元善　汪朋

俞鎮　戴慶

暢汝辨　姚世英

徐可大　梁林

沈載庸　陶允宜

任鵬　熊烺

趙聯璧　孫應溪

胡懌　邵光庭

郭廷臯　萬智

金汝琦　馬可教

金汝礪　馬可教
郭廷臯　萬　智
胡　標　邵光庭
趙繼鑾　孫應溪
任　鵬　熊　煥
沈載庸　陶允宜
徐可大　梁　林
暢汝辨　姚世英
俞　鎮　戴　慶
邵元善　汪　明

黄　甲　金時顯
張　仁　史　臣
陳　泉　趙　誠
陳元謨　馬文翰
丁　谷　鄧仲仁
董復騰　王　學
嚴　端　邵宗順
沈　義　葛　洪

明

州同

周之尹　鄒存教

李春芳　周至誠

黄必演　李茂根

管應律　劉加祥

周毓文

國朝

卜世昌陝西人，恩貢，順治元年任。　周五倫浙江人，監生，順治二年任。

劉進禮遼東人　邵汝賢浙江人，監生，順治十年任。

劉之明河南人，貢生，康熙四年任。　蔣仁榮江南人，恩貢，康熙八年任。

梅時蕚遼東遼陽人，正白旗下内務府筆帖式。

高榮遼東瀋陽人，鑲黄旗下内務府筆帖式，康熙十六年六月任。

州判

明

高興　方供

盧泰　陳讓

趙潤　石學

廖啓鉉　林渠

李端　盧林

馬汝　陳世傑

樊世聰　匡振之

姚　欽　　趙　儒
舒中藴　　阮　珊
吴　璁　　張　鏊
施天爵　　吴　仁
王仲禄　　翟　堅
胡志忠　　楊以誠
汪希賢　　金　球
應　瓚　　耿　介
梁　紀　　張時相
侯來聘　　井　宏

路進忠　　吉大用
陸通江　　查　德
葉德恭　　李承寵
韓守默　　張士元
王觀光　　汪存照
謝秉忠　　張　澈
沈應順　　姚日旭
程　鵬　　張廉德
程大猷　　李芳隆
王廷相　　吴之臣

閔濟美　詹嘉謀

趙國華　周文輝

孫瑄　何若鸞

凌起祥　孟養浩

胡志行　陸一桂

周珮

國朝

章三益　李逢元

陳策　馬首魁

何獻祥陝西延安安塞縣，拔貢，順治元年九月任。　焦象賢山東濟南青城人，進士，順治十三年六月任。

葛應旂　范鐵鉉山西大同威遠衛人，拔貢，順治十八年四月任。

王璽陝西人　周汝斌浙江人

胡兆騄浙江人，監生，康熙二十年任。　彭麟山東人，供事，康熙二十二年任。

吏目

明

張奇　梅瑄

賈志　姬麒

梁忠　張欒

趙孟　汪相

王來問　惠心

喬應武　郝鑾
馮廷璞　任龍
韓邦傑　張守業
郭汝翼　李貴
孫應韶　王一麟
李應詔　李標
周希廉　邊鑰
葛汝潤　馬一鵬
吴景行　陶大典
吴用周　張然

童豫　萬民望
嚴炳　陸世遷
帥天縱　李一松
秦應斗　楊廷啓
孫承祉　陳經緯
章應元　高可超
符加祐　郝茂
車士歷　楊維相
李永廣　石之章

國朝

國朝

李永廣　石之章

車士歷　楊維相

符加祐　郝　茂

章應元　高可詔

孫承祉　陳經緯

秦應斗　楊廷啓

帥天縱　李一松

嚴炳璘　陸世選

童　璘　萬民望

吳用周　張　然

吳景行　閻大典

葛汝潤　房一鵬

周希濂　邊一綸

李應詔　李一標

孫應韶　王一麟

郭汝翼　李　貴

韓邦傑　張守業

馮廷璞　任　龍

喬應武　郝　鑾

章應龍浙江人
張振祖福建人
陳　清浙江人
柴際盛浙江人
楊鳳翥陝西甘肅鎮番衛附監，康熙元年四月任。
張　元浙江人
孟錫祚浙江人
任　錫陝西人
沈天安浙江人
郭用奇山西人
范　璉浙江人，監生，康熙二十二年任。

范璉 浙江人，監生，康熙二十二年任。　郭用命 山西人

沈天安 浙江人　任紹錫 陝西人

孟紹祚 浙江人　張元 浙江人

湯鳳壽 陝西甘肅鎮番衛籍監生，康熙元年四月任。　朱際盛 浙江人

陳清 浙江人　張振祖 福建人

章應龍 浙江人

漷县

知縣

明

王文　賈貞
陳清　賀登
高安　陰縉
傅杰　張翕
鄭仲貞　劉琳
師文　王宣
岳秀　郝良
張雲漢　郭梅
曹琰　楊濟
孟澤　饒公
馬新民　李時用
梁相　尚應時
吕哲　尉思
魏文瑞　陳言
劉朝舉　李成
王登　邵致誥
李子躍　宋祉

漷　縣

知縣

明

王　文　賈　貞

陳　清　賀　登

高　安　陸　縉

傅　杰　張　翁

鄭仲貞　劉　琳

師　文　王　宜

岳　秀　郝　良

張雲漢　郭　梅

曹　琰　楊　濟

孟　澤　龔　公

馬新民　李時用

梁　相　尚應時

呂　哲　尉　思

魏文端　陳　言

劉朝舉　李　成

王　登　邵致諧

李于躍　宋　址

郭九疇　于濟
趙廷儼　王邦禮
魏之翰　胡績
李汝梓　張桂
陸世勣　霍梓
艾友芝　黄宸
賈克忠　陳荀産
王繩武　姚一讓
胡從禮　楊起震
趙賢　常儼
竇允哲　沈域
盧崇春　郭三奇
涂應召　宿自中
丁師義　蕭時彦
張魯傳　高鳴鶴

國朝

成躍龍山東人，貢生，順治元年任。　李開春遼東人，貢生。
石登科遼東人，貢生。　成良藩山東人。貢生。
黄朝薦河南人，進士。　朱天相浙江人，遼東籍貢生。
周士賢遼東人，貢生。　吴良誨江西人，舉人。

鄭　駿江南人，貢生。　葛茂春浙江人，貢生，順治十六年任。歸并通州知縣，奉裁。

主簿

明

楊光先　張　傑

郝　敬　劉　釗

于　漯　蔣克家

李　公　劉　觀

徐文敬　崔　泗

李　全尋裁

典史

明

顔　鏡　王　習

盧　俊　張　釗

張　寵　周　明

王崇德　楊宗德

胡月政　何　法

郭天禄　朱　芾

戴　宫　于士弘

王三錫　陸元信

游　德　張　誥

游德　　張諧

王三錫　　陸元愷

戴言　　尹士弘

郭大禄　　宋常

胡月成　　何法

王崇德　　楊宗德

張寵　　周明

盧俊　　張鈞

顏鏡　　王習

明

典史

李全舉人

徐文敬　　崔潤

李公　　劉鶴

于禮　　蔣克家

郝敬　　劉鈞

楊光先　　張傑

明

王鏻

鄭駿貢生，浙江人。　　葛茂春浙江人，貢生，康熙十六年任，陞通州知州，有傳。

程國宣　騫登春

陳孝隆　夏蘭

朱應奎　高登庸

許汝成　雷焕

高宗賢　劉文謨

和俊　李奉政

郭三奇　馬應麟

趙占魁

國朝

崔四觀順治元年任。　劉廷良

章文楣浙江杭州仁和人，吏員，順治九年三月任。　劉士章浙江杭州仁和人，吏員，順治十一年十一月任。

田守恒陝西西安富平人，吏員，順治十五年正月任，順治十六年奉并裁。

學正

國朝

湯大臨順天人，舉人，順治元年任。　劉雲鶴遼東人，貢生，順治元年任。

劉世豸直隸雄縣舉人，順治五年任。　杜玄培直隸

傅廷俊直隸倉州人，舉人，順治十六年任。　回趨聖

劉儐直隸唐縣人，舉人，順治十八年十月任。　高釭直隸清苑縣人，舉人，康熙六年任。

閻允吉直隸永平盧龍人，舉人，康熙十四年八月任。　徐人望直隸保定祁州人，舉人，康熙二十年二月任。

訓導

國朝

趙耀文　吴天麟宣府人。

趙丕照　白啓蒙河間府南皮人，歲貢，順治八年正月任。

樊王極直隸保定新城人，歲貢，順治十三年十一月任。　客日章保定新城人。

董敏修　劉昌祚真定饒陽人，貢監，康熙十七年四月任。

滦縣

教諭

國朝

李思問北直保定雄縣人，歲貢，順治八年三月任。　梁可薦北直沙河人，歲貢，順治十二年正月任。

黄忱孝北直永平人，舉人，順治十六年歸并奉裁。

訓導

國朝

馮獻策北直欒城人，貢生，順治元年任。　王直臣北直保定人，貢生。

馬勝任北直永平永年人，貢生，順治八年正月任。

伊棐北直河間阜城人，順治十三年八月任，順治十六年歸并奉裁。

潞河驛驛丞

國朝

陳嗣芳浙江紹興山陰人，吏員，康熙十六年八月任。

和合驛驛丞

國朝

許天禄浙江嘉興平湖人，吏員，康熙二十二年五月任。

通流閘閘官

國朝

吴典奉天錦縣人，吏員，康熙二十年四月任。

三河縣

知縣

明

楊蕃　夏子韶

孫理　盧毅

吴賢　張鳴鳳

閻山　楊霆

郭寅　王輗

陳皐謨　孫廷相

蔡烈　張守介

鮑德　姚欽

王相　申珙

王元德　姚相

張仁　曹科

葉桓　魏體謙

劉文彬　崔嶼

賽從儉　劉黻

張綸　衛生

史學　賀逢吉

張鵬翔　王自謹

袁志夔　王國昌

謝陞　劉錫玄

王家楹　張思桂

李繼芳　張所藴

詹儀　李正芳

魏雲龍　劉開文

劉夢偉　樊士英

林鶴鳴　王繁青

裴平淮　沈諫

孫光啓

國朝

王元魁 遼東盛州人，生員。　曹時舉 遼東人，生員，順治三年任。

孟希舜 遼東人，貢士，順治五年任。　王克生 河南祥符人，舉人，順治十五年任。

劉運昌 陝西三元人，舉人，順治十一年任。　曾紹唯 江南太倉人，舉人，順治十三年任。

馬有用 遼東人，貢士，順治十七年任。　成王臣 河南河内人，舉人康熙二年任。

高起鳳 遼東人，蔭生，康熙五年任。　奚禄詒 湖廣黄岡人，康熙七年任。

陳伯嘉河南孟津人，舉人，康熙十年任。　任埶江河南懷寧人，進士，康熙十三年任。

余學昌廣東廣州府南海縣人，舉人，康熙二十年六月任。

冉　德四川保寧府廣元縣，舉人，康熙二十二年十二月任。

彭　鵬福建興化莆田人，舉人，康熙二十四年七月任。

縣丞

明

楊　輔　劉　潔

張　望　白　鑄

閻　成　姚　昂

何守烈　陳則仁

毛　録　彭惟麟

王邦儒　陳　言

張　文　金　聲

黄　福　徐　銘

張　紹　劉　璦

于上鯤　李鳴鳳

李時春尋裁

主簿

明

董如愚　蘇世達

謝良　徐璉
劉珣　劉恭
趙越　徐宜
劉鑄　盧文瀚
宋宗彝　李拱成
張岳　高僉
楊景新　王應箕
抗璋　劉錫
胡杰　郭九叙
趙梧　李俊

王世强　劉鑌
吕堯賓　王舜臣
白九圍　張鯉
翁益學　馬之服
楊時化　姚元龍
高伯極　魯學詩
吴禹鄉　馮啓承
姚元　王賜俸

國朝

主簿裁

主簿

國朝

姚元　王賜偉

吳禹鄉　馮啓承

高伯極　魯學詩

楊時化　姚元龍

翁益學　馬之服

白九圍　張纏

呂堯賓　王舜臣

王世強　劉鑌

楊梧　李俊

胡杰　郭九敘

抗章　劉鴻賓

楊景衡　王應賓

張岳　高俞

宋宗彝　李拱成

劉鑄　盧文瀚

趙磁　徐宜

劉珣　劉恭

謝良　徐璉

典史

明

張繼先　魏華

屈堂　魏輔

田琛　王來

李木　劉勳

劉萊　封鏐

李燧　嚴子重

馬尚遷　雲喜

周耀　許池泰

尚德光　謝上達

陳一敬　楊來聘

冀應麒

國朝

斯爲美浙江金華義湖人，吏員，順治四年八月任。　朱國用浙江紹興山陰人，吏員，順治十二年八月任。

孫建中山東青州諸城人，吏員，康熙三年正月任。　王文錦陝西西安富平人，吏員，康熙四年六月任。

劉芳譽江西吉安永豐人，吏員，康熙六年十月任。　湯有慶浙江人

張希傑山東萊州昌邑人，吏員，康熙十二年六月任。　沈光華浙江人

張名耀陝西西安富平人，吏員，康熙十七年十二月任。

教諭

國朝

焦恒　　毛允中順德邢臺人，歲貢，順治八年二月任。

曹從文慶都人　　韓煌河間舟鹽山人，順治十二年正月任。

何子榮保定大寧衛人，舉人，順治十四年正月任。　　李廷徵河間景州人，拔貢，康熙十六年任。

張睿臨順德唐山人，拔貢，康熙十七年任。

訓導

國朝

董國憲　　劉顯祖天津衛人，歲貢，順治八年十二月任。

董冀舒遼東全州衛人，歲貢，順治十年九月任。　　張首賢保定慶都人，歲貢，順治十一年八月任。

劉綵保定清苑人，歲貢，康熙四年十月任。　　殷乘輅河間寧津人，歲貢，康熙八年二月任。

李之魁保定完縣人，歲貢，康熙十一年八月任。　　郭定直隸成安人，歲貢，康熙十三年任。

李敷榮直隸元城人，歲貢，康熙十七年任。　　劉承祿直隸遷安人，歲貢，康熙十九年任。

傅甘霖直定衡水人，歲貢，康熙二十二年四月任。

武清縣

知縣

明

謝榮　　趙宗章

蔣庸　　張鑑

韓倫　　郭良

翟銘　　陳希文

時世隆 孫錫
孫隆 劉朗
祁倫 徐來鳳
李廷鵬 曹錡
郭玹 朱禄
王琳 宋霓
趙公輔 王大章
黃世隆 沈文冕
郭津 李時用
梁相 雷鳴
羅康 李廷芳
張錦 黑文耀
雷世榮 趙本
劉朝舉 徐可觀
姜湧 衛陽和
張雕 龎賢
叚雲鴻 李賁
范儒 宋蘭
陶允光 鄭一貴
曹鵠 汪鶴齡

時世隆　孫　錕
孫　隆　劉　朗
祁　倫　徐來鳳
李廷鵬　曹　綸
郭　玹　朱　祿
王　琳　宋　霈
趙公輔　王人章
黃世隆　沈文昌
郭　津　李時用
梁　相　雷　鳴

羅　康　李廷芳
張　錦　黑文耀
雷世榮　趙　本
劉朝舉　徐可觀
姜　湧　衛陽和
張　雕　羅　寶
段雲鴻　李　貴
范光儒　宋　蘭
陶允光　鄭一貴
曹　詰　汪鶴齡

滕如麒　戴維藩
潘大復　曾日唯
李本固　李垂階
朱萬壽　胡平表
馬象坤　孫織錦
藺完植　李士元
陳民情　畢生輝
毛九華　武起潛
王國訓　姚擇揚
唐起鯉　王亶
許應紘　李元胤
李原立　劉世芳

史標

國朝

耿應旦陝西人，貢士，順治元年任。　胡守傑延慶州人，舉人，順治元年任。
蕭芳遼東人，國學生，順治二年任。　鞏欽遼東蓋州人，恩貢，順治四年任。
劉廷佐遼東潘陽人，貢士，順治五年任。　佟希堯遼東遼陽人，貢士，順治五年任。
宣文衡遼東開原人，貢士，順治七年任。　董起運陝西西安乾州人，舉人，順治十年任。
楊九鼎浙江杭州仁和人，拔貢，順治十六年任。　謝果福建福州閩縣人，舉人，順治十七年任。
魏元芳陝西西安臨潼人，貢監，順治十八年任。　程上瑞陝西鳳翔鳳翔人，恩拔，康熙元年任。

馬日駕山東萊州平度州人，拔貢，康熙六年任。　曹際飛江南松江華亭人，拔貢，康熙七年任。

余昌宗四川成都羅江人，舉人，康熙九年任。　鄧欽楨廣西桂林全州人，舉人，康熙十年任。

劉世輔江西瑞州新昌人，歲貢，康熙十四年任。　祖澤浯遼東寧遠人，蔭生，康熙十五年任。

朱大乾江南滁州全椒人，進士，康熙十七年十一月任。　劉潤山東萊州掖縣人，舉人，康熙十九年二月任。

祖應世鑲黃旗遼東寧遠人，監生，康熙二十二年二月任。

縣丞

明

程均張　陶銓

游綬　蕭鳴

吴鼎　張洪

周召　汪璋

談儒　喬琬

來惟曜　白玉

王一麟　艾繇

李琣兆　俞養性

王世恩　董鳳鳴

楊世泰　李成名

張世業　李滌

毛子桂　王國桂

談聖經　章尚泰

周亢徵

國朝

李茂枝 浙江紹興人，吏員，順治元年任。　傅大緯 浙江紹興諸暨人，吏員，順治三年任。

楊大球 江南鎮江金壇人，拔貢，順治十年任。　邵洪庚 浙江紹興餘姚人，恩貢，順治十三年任。

高星 江西南昌南昌人，廪生，順治十七年任。　蕭運泰 山西太原榆次人，貢生，康熙五年任。

陳獻圖 江南六安人，吏員，康熙九年任。　康汝安 江南松江華亭例監，康熙十四年十二月任。

鄒允敷 江南蘇州長洲人，例監，康熙十九年九月任。　何柱 山西大同應州人，恩貢，康熙二十二年四月任。

主簿

明

周冕　高深

宋恩　秦鏜

齊華　齊邦用

王嘉賓　田鯤

周書　張問明

馬驥　安賓

黄綬　趙汝礪

張録　劉閾

李應亨　翟輔

劉應顯　龎友訢

石體文　周恪

程鵬　牟大賓

國朝

張時浙江紹興山陰人，吏員，順治元年任。　汪之璁湖廣武昌大治人，吏員，順治八年任。

周之翰山東都司安東衛人，恩貢，順治十四年任。　董士泰江南寧國涇縣人，吏員，順治十六年任。

緱繩芳河南彰德安陽人，吏員，康熙元年任。　馮養性陝西西安三原人，吏員，康熙元年任。

陶文會浙江紹興會稽人，吏員，康熙十一年任。　上官濱江南江寧上元人，吏員，康熙二十一年八月任。

典史

明

欒祥　張鉞

李宗祀　冷文貴

丁聰　張淳

彭時　魯述

戚維垣　周效堯

曾應暘　孫中孚

甘弘化　王宣

陳鴻　徐欽

范國禎　吴登庸

李宗傳　徐可述

國朝

張養清陝西西安富平人，吏員，順治元年任。　張宗孔陝西西安陵縣人，吏員，順治十一年任。

史文國浙江紹興山陰人，吏員，順治十五年任。　張義湖廣武昌武昌人，吏員，順治十七年任。

劉紹祚陝西西安華州人，吏員，康熙八年任。　王法陝西西安富平人，吏員，康熙九年任。

陳陛浙江紹興會稽人，吏員，康熙十年任。　裘治浙江紹興山陰人，吏員，康熙十二年任。

蘇世望浙江寧波慈谿人，吏員，康熙十四年任。　李濤浙江杭州仁和人，儒士，康熙十八年六月任。

教諭

國朝

莫爾濬順天大興人，舉人，順治元年六月任。　劉子鼒直隸保定唐縣人，歲貢，順治四年十二月任。

李振圻直隸保定清苑人，舉人，順治九年十二月任。　蔚成章直隸永定平山人，歲貢，順治十五年十二月任。

黃忱孝直隸永平樂亭人，舉人，順治十七年四月任。　李衷繡直隸保定新安人，舉人，康熙四年十二月任。

何如淮直隸河間景州東光人，舉人，康熙十二年八月任。

楊毓先奉天錦州錦縣人，舉人，康熙二十二年七月任。

訓導

國朝

丁易東遼東廣寧衛人，拔貢，順治元年十六月任。　李克己直隸保定新城人，歲貢，順治元年十二月任。

史秉直遼東廣寧衛人，歲貢，順治六年正月任。　任三元直隸永平盧龍人，歲貢，順治十五年二月任。

陳際隆直隸永平盧龍人，歲貢，康熙十九年七月任。

小直沽巡檢司巡檢

國朝

鮑文龍江南青陽人，吏員，康熙二十三年七月任。

河西務巡檢司巡檢

國朝

章堯臣浙江山陰人，吏員，康熙十六年四月任。

楊村驛驛丞

國朝

章名永浙江會稽人，吏員，康熙十九年八月任。

河西驛驛丞

國朝

張有芳奉天鐵嶺人，康熙十六年十月任。

寶坻縣

知縣

明

荆志　何文信

薛鵬飛　魏懋

孫源　趙共

董倫　李寛

黄通　陳讓

葉琪　彭鎬

齊鳳　李政

丁志　楊霖

馬驥　袁昂

武尚信　莊𥜽
陳文滔　佟鉞
周程　王燧
周在　霍淮
楚書　單希性
張元相　武德智
柳鸞　蕭鸞
孫宗器　李行簡
楊元益　趙師道
孫惟謙　都一陽

劉廓　盛時春
胡與之　劉以穩
王囿　楊時芳
唐鍊　潘民模
劉不息　王家相
張燭　張世則
丁應詔　詹全覺
萬世德　管應鳳
袁黃　張兆元
李如檜　趙彥復

毛尚忠　　李景登

秦士文　　王淑汴

王則古　　劉惟忠

鍾　英　　康丕楊

李一鰲　　許　都

周詩雅　　張　星

王應泰　　史應聘

楊泰升　　董有聲

李崇一　　趙國鼎

侯君昭　　王國儒

王崇儒　　漆　園

許日可　　高承埏

曹鼎臣

國朝

薛良心遼東人，貢士。　　孫必茂陝西人，辟召。

萬　全紅旗人，貢士。　　甄　成黃旗人，貢士，順治九年四月任。

方之璧山東萊州膠州人，舉人，順治十年十二月任。　　蕭　蕙江南安慶太湖人，歲貢，順治十二年二月任。

魯元公湖廣黃州麻城人，舉人，順治十六年六月任。　　關以華湖廣荊州公安人，進士，康熙二年十月任。

杜仁俊江南揚州江都人，選貢，康熙三年十一月任。　　歐陽動生江南吉安安福人，進士，康熙七年十二月任。

牛一象鑲白旗，原籍陝西榆林人，康熙十一年三月任。

別　楣湖廣安陸景陵人，進士，康熙十八年十一月任。　路　坦鑲藍旗人，監生，康熙十九年十一月任。

縣丞

明

程彥明　柳　青
郭　瑗　胡　佐
郭　宜　歐　文
李　温　廖　庸
舒　堂　范　智
董　昂　張　元
吴　鸞　陳嘉猷
解乾元　劉　澍
吴　達　李　興
李　素　王用賓
傅　和　王　鐸
郭文耀　袁　賓
邊　泰　石　進
張　正　曹　璘
張　真　尉　德
莊　釗　張　轍
段朝聘　朱遇觀

魏　正　郭　旻

丘　鸞　劉　叙

何汝霖　王之翰

李鳳鳴　王　訓

林　彬　武　健

沙　相　趙大族

張　維　李應陽

郭九齡　蔡　玉

段補袞　金　榜

任　薦尋裁

主簿

明

陳　愷　朱　賢

高　順　何　良

陳　恪　陳敬主

國朝

王曰然福建人　萬士奇湖廣人

白玉奇江西人，歲貢。　謝學達浙江人

諸日彤浙江紹興餘姚人，吏員，順治十六年正月任。　任　銓浙江紹興會稽人，吏員，康熙五年二月任。

樊繼義陝西西安咸寧人，吏員，康熙十一年八月任。　柯國橋江南人，吏員，康熙十八年任。

俞世賢浙江人，吏員，康熙二十一年任。

典史

明

白福　趙貴

劉慶　解阮

賈鑣

國朝

葉逢春浙江人　袁廷相陝西人

孫蕃陝西人　盛世鳴江南人

董維邦浙江紹興會稽人，吏員，康熙元年五月任。　竇凌霄陝西人

周繩祖陝西西安朝邑人，吏員，康熙八年十二月任。　張恒江南揚州泰興人，吏員，康熙十一年二月任。

勞寅浙江人，吏員，康熙十七年任。　李應龍山東濟南德州人，吏員，康熙十九年任。

萬啓琦湖廣岳州巴陵人，吏員，康熙二十一年任。

教諭

國朝

李復陽大興人　陽復煒安肅人，歲貢。

母鶴慶直隸天津人，歲貢，順治四年九月任。　郝遲直隸真定定州人，歲貢，順治十四年十一月任。

苑育蕃直隸廣平鷄澤人，舉人，順治十八年九月任。　傅巖直隸大名滑縣人，舉人，康熙十二年七月任。

張名茲直隸真定趙州人，舉人，康熙二十一年七月任。

訓導

訓導

張名鉉 康熙二十一年七月任。直隸真定州人，舉人。

范育蕃 順治十八年九月任。直隸廣平縣人，舉人。　傅巖 康熙十三年七月任。直隸大名府人，舉人。

毋鶴慶 順治四年九月任。直隸天津人，歲貢。　郝運 順治十四年十一月任。直隸真定府人，歲貢。

李復陽 大興人　陽復淳 歲貢。大興人。

國朝

教諭

萬際鵠 康熙二十一年任。湖廣岳州巴陵人，歲貢。

勞寅 康熙十七年任。浙江人，歲貢。　李應龍 歲貢。順治十五年任。山東濟南府新城人，歲貢。

周鍾祖 康熙八年十一月任。陝西西安興平人，歲貢。　張恒 康熙十一年十二月任。江南揚州泰興人，歲貢。

董維邦 康熙元年七月任。浙江紹興會稽人，歲貢。　賈彥晉 陝西人

孫蕃 陝西人　盛世鳴 江南人

葉逢春 浙江人　袁廷相 陝西人

國朝

賈鑛

劉夔　解阮

白福　趙貴

明

典史

俞世賢 康熙二十一年任。浙江人，吏員。

國朝

張國棟直隸順德平鄉人，歲貢，順治九年六月任。冷然善遼東人，歲貢。

張應運内丘人，歲貢。劉繹祖直隸保定安州新安人，恩貢，康熙十五年十二月任。

張思達直隸保定安州新安人，監貢，康熙二十一年五月任。

蘆臺巡檢

國朝

馬廷棻浙江紹興山陰人，吏員，康熙十三年四月任。

涿州

知州

明

盧聰　程羽肅

馬縉　朱巽

黄衡　何徹

孫沂　胡禎

芮彝　孔淮

薛穰　李瑞

郭堅　汪清

張咨　王震

張遜　王政

何正　郝本

何正　　郝本
張遂　　王政
張容　　王震
郭堅　　汪清
薛讓　　李瑞
芮彝　　孔准
孫圻　　胡禎
黃衡　　何徽
馬晉　　朱巽
盧德　　程汝肅

明

知州

涿州

馬廷策 康熙十三年四月任。浙江紹興山陰人，吏員。

國朝

蘆臺巡檢

張思達 康熙二十一年五月任。直隸保定府安州新安人，監貢。

張應運 歲貢。內丘人。　　劉繹祖 康熙十五年十二月任。直隸保定府安州新安人，監貢。

張國棟 順治九年六月任。直隸順天府大城人，歲貢。　　徐然善 歲貢。遼東人。

國朝

徐朝元　孫學
李瑋　劉瑄
劉坦　陳禄
劉佺　黃仁
張經綸　沈麒
駱鳳　郭孔宗
范琪　陳邦治
閻在邦　秦僎
何鑌　賀榮
張九功　郭逵

李愚　邵元善
岳汴　沈應坤
苗枏　王三錫
王師性　王道定
陳禹謨　錢兆閩
賈一敬　孟召
丁三益　史紀棟
劉起龍　左之似
晋承忠　羅顯行
劉日珩　陳廷策

王四維　劉維禎

陸燧　李國俊

黃錕　吴同春

李藻　劉三聘

劉芳久

國朝

張錦山西平陽翼城人，舉人，順治元年五月任。　劉有道奉天遼陽人，生員，順治三年六月任。

聶進貴山西大同右衛人，歲貢，順治四年七月任。　楊瑜顯渾源州人，生員，順治四年十二月任。

劉建邦奉天遼陽人，生員，順治六年八月任。　王汝賢紹興人，貢生，順治七年四月任。

鄭玉奉天遼陽人，恩蔭，順治九年九月任。　徐萬全奉天遼陽人，貢生，順治十四年二月任。

李勳奉天遼陽人，生員，順治十五年十二月任。　胡來朋江南池州石埭人，拔貢，順治十七年七月任。

郭子治四川城都華陽人，拔貢，順治十八年十一月任。　敖翩河南汝寧汝陽人，貢士，康熙四年十月任。

孟之麟江南安慶太湖人，選貢，康熙十年九月任。　任鍾麟四川保寧蒼溪人，舉人，康熙九年四月任。

傅鎮邦奉天遼陽人，恩貢，康熙十年十月任。　李法祖奉天鐵嶺人，蔭生，康熙十二年正月任。

劉德弘奉天聞原人，蔭生，康熙十四年六月任。　曹封祖奉天瀋陽人，蔭生，康熙十七年二月任。

王廷獻奉天瀋陽人，筆帖式，康熙二十二年八月任。　陳一鳳湖廣襄陽籍，正黃旗人，生員，康熙二十三年九月任。

州同

明

汪清　張璣

張旻　高震

王濬　江華

邢繼光　蕭翬

徐珪　周璽

李倫　宋輅

宋勝禎　李惟中

徐道亨　周國廉

張衮　泰登

王勝陽　楊儒

許弘綸　張士賓

萬欽　岳敏中

牟道立　王璟

喬承誥　張星耀

寇永清　朱卿

國朝

湯大弼遼陽人，恩貢，順治元年八月任。　崔起鵬

馬鎮鰲浙江人，拔貢，順治四年十二月任。　邊嘉興

王之鼒忻州人，順治十年六月任。

州判

明

王璿　杜璟

陳旭　王懋
仇本立　魏恕
陳敏　高安
武文中　張敬
賀忠　陳璽
劉瓘　甯浩
袁溥　鍾思誠
周豸　陳錦
劉淳　孫隆
孫鋭　馬璉
凌鶴　蒲韶
趙英　唐傑
李彪　衛相
李寀　李永謐
劉汝諧　黎嘉謨
陶子濂　季綱
陳時　楊機
龐木　陶隱
翟挺　李文光
吴本　毛志學

陳旭　王標
仇本立　魏懇
陳敬　高安
武文中　張敬
賀忠　陳璽
劉璉　蕭浩
袁溥　鍾思誠
周多　陳錦
劉淳　孫隆
孫鋭　馬璉

袁鶴　蒲詔
趙英　唐傑
李應　衛相
李家　李永謐
劉汝諧　黎嘉謨
陶子謙　李綱
陳時　楊機
羅本　陶隱
翟挺本　李文光
吳本　毛志學

朱冕　鞏皇圖

張應昌　趙善傑

高夢弼　邵日逵

孔三任　宋一奇

周學禹

國朝

線應選奉天人，恩貢，順治元年八月任。　蕭執中浦州人，國學生員，順治四年十月任。

王宅中陝西延安鄜州人，拔貢，順治七年五月任。　梁應斗陝西鳳翔岐山人，拔貢，順治十四年六月任。

梁參乾陝西寧夏山舟南人，貢生，順治十六年八月任。

張調鼎陝西延安延州人，歲貢，康熙三年三月任。　馬星浙江紹興餘姚人，貢生，康熙八年八月任。

尤應運福建泉州晉江人。　梁天錫陝西人，纂修實録供事，康熙十八年任。

吏目

劉航　李瓊

王貫　張信

王禄　張繼周

范玘　程完

張盛　魏政

黃廷珪　張雄

楊勳　范超東

吴樞　董穆

賈春蘭　袁堯輔

胡　桂　曾尚緯

曾汝休　楊道隆

郎元德　周德隆

國朝

董　珩　楊繼晋湖廣武昌興國人，吏員，順治二十年十月任。

徐大成　吳　達浙江金華武義人，吏員，順治十一年十二月任。

黄世愷浙江金華義烏人，吏員，順治十六年七月任。　王錫三浙江紹興山陰人，例監，康熙三年五月任。

程調鼎　張志弘山東兗州滕縣人，吏員，康熙八年六月任。

黄際喜福建福州羅源人，吏員，康熙十二年八月任。　田彦玉陝西西安三原人，吏員，康熙十九年閏八月任。

錢兆治浙江紹興山陰人，例監，康熙二十一年八月任。

學正

國朝

王天成自在州人，舉人。　鹿盡心定興人，舉人。

蔣光裕　童　煒保定祁州人，舉人，會試副榜，康熙四年九月任。

劉光祚保定浦城人，舉人，康熙九年七月任。　龔宜生河南静海人，舉人，康熙十五年八月任。

王盡臣廣平曲周人，舉人，康熙十八年七月任。　王士錦奉天遼陽人，舉人，康熙二十三年八月任。

訓導

國朝

高　旻新安人，歲貢。　郝　暹定州人，歲貢。

齊可魯蠡縣人，歲貢。

張廷柱真定曲陽人，拔貢，康熙十九年七月任。

齊如崙永平昌黎人，歲貢，康熙二十一年九月任。

胡　宲保定雄縣人，拔貢，康熙二十三年八月任。

涿鹿驛驛丞

國　朝

章獻謨浙江紹興會稽人，吏員，康熙二十二年六月任。

章獻謨浙江紹興會稽人，吏員，康熙二十二年六月任。

國朝

涿鹿驛驛丞

齊如嵩永平昌黎人，歲貢，康熙二十一年九月任。

胡　家保定雄縣人，拔貢，康熙二十三年八月任。

齊可魯蠡縣人，歲貢。

張廷柱真定曲陽人，拔貢，康熙十九年十月任。